AF245080

Lk 14 34

HARANGVE
DE
MONSEIGNEVR
LE PRINCE,

Faicte à l'Ouuerture des Estats
de Bretagne, le Mardy VIII.
du mois de Iuin, 1632.

A PARIS,

De l'Imprimerie de I. LAGVEHAY,
prés le College de Boncourt.

M. DC. XXXII.
AVEC PERMISSION.

[illegible handwritten annotation] 1892

[illegible]

De l'imprimerie de [illegible]

[illegible]

[illegible handwritten annotation]

MESSIEVRS.

LA Royauté a cela de propre qu'elle ne communique les droicts de sa Souueraineté à personne qu'à soy-mesme, & a de certaines prerogatiues deuës au Souuerain seul, de telle façon que ce seroit vn notable

A

crime aux particuliers de se les vouloir approprier, ie parle, Messieurs, des Royaumes & Souueraine-tés temporelles des Prin-ces qui sont jaloux, & de leur authorité & du res-pect qui n'est deu qu'à leurs sacrées personnes.

Les Roys de France ont par l'antiquité de leur ori-gine, ou par la valleur de leurs personnes, ou par les Priuileges de leurs Royaumes, ou pour l'hon-neur deu à leur Action sont en vne possession im-memoriale de la secon-

de des dignitez tempo-
relles, & mesmes auec des
marques de grandeur bien
plus releuées que n'en possede la premiere, puisque
la France donne ses droicts
naturellement aux suc-
cesseurs & heritiers de la
Couronne, & l'Empire à
ceux seulement qui l'em-
portent par Eslection, quo
si les Roys predecesseurs
du nostre ont pour la plus
part iustement merité toutes les grandeurs qui ac-
compagnent leur Cou-
ronne, que pouuons nous
obmettre de dire de celuy

que Dieu nous a donné
pour Souuerain, qui est en
sa conscience enuers Dieu
& son Eglise le plus par-
fait des hommes, en ge-
nerosité le plus vaillant, en
prudence le plus iudi-
cieux, en ses actions le
plus digne d'admiration,
& en toutes choses le plus
iuste & equitable qui ayt
iamais regné sur nous ? Fi-
nissons doncque dans vn
silence d'estonnement, &
ne faisons ceste faute de
mal parler par vn long dis-
cours sur vn subject, du-
quel les loüanges ne se

peuuent exprimer par per-
fonne qu'auec indignité
de fon merite.

Nous apprenons par les
fainctes lettres, qu'il y a
vne autre dignité fouue-
raine qui eft appellée la
Royale Preftrife, & par
l'experience, nous fça-
uons qu'ily a encores vne
autre efpece de comman-
dement approchant du
Souuerain qui eft celuy
qui fe donne par les Roys
aux Generaux de leurs ar-
mées, & Gouuerneurs de
leurs Prouinces, lequel eft
communiquable à ceux

qui leur plaiſt rendre par-
ticipants de ſes honneurs.
Pour le premier il ſort de
la puiſſance de Dieu, qui
donne aux Preſtres ſon
authorité en terre , plus
ou moins eminemment,
non par la diſtinction de
l'Ordre , mais par la Iuriſ-
diction: & en ceſte dernie-
re façon ſemble concourir
auec la puiſſance de Dieu
la faueur & nominatiõ de
nos Roys, qui eſleuẽt ceux
que bon leur ſemble aux
Eueſchez , ou au Cardina-
lat , & quant aux generali-
tez des armées & Gouuer-
ments

nemēts, ils en diſpoſent ab-
ſolument ſuiuant le choix
qu'il leur plaiſt faire des
perſonnes pour les poſ-
ſeder.

Ie dis cecy, Meſſieurs,
non ſans deſſein, puiſ-
que parmy le nombre in-
finy des obligations que
vous auez au Roy, ſoit
pour vous auoir conſerué
vos priuileges, ſoit pour
auoir traicté la Prouince
de Bretagne auec de grãds
aduantages, & preſque
dans l'impoſsible eu eſ-
gard aux autres de ſon
Royaume, vous luy en

B

auez vne recente pl[...]
grande de vous auoir don[...]
né Monsieur le Cardina[l]
de Richelieu pour Gou-
uerneur, auquel la doctri[...]
né & les bonnes mœur[...]
acquirent en sa ieunesse v[...]
Euesché, ses merites l[...]
Chapeau de Cardinal, se[...]
seruices & sa capacit[é]
l'employ dans les affaires
sa valeur, sa generalité d[...]
plusieurs Armées, sa fi[...]
delité & son amour ver[...]
la personne du Roy, l'affection cordialle de sa Ma-
jesté, & pour marque d'i-
celle & de sa confiance les

charges & gouuernement
qu'il possede & tient de sa
main, desquelles choses
bien que grandes & con-
siderables, Nous pouuons
dire toutesfois qu'elles ne
font encores que la moin-
dre partie de la recom-
pence qu'il merite iuste-
ment d'auoir en sa pre-
miere dignité confondu
l'heresie, en la seconde
souftenu l'Eglise, en ses
employs fortiffié l'Estat
par ses Conseils, par sa
valleur abbatu & deffaict
la Rebellion, & auancé
les limites de la France dãs

l'Italie, Lorraine, & Ale-
maigne, & par ſa fidelité
auec vn ſoin continuel
veillé à la conſeruation du
Roy ſoubs les commande-
ments duquel il a tou-
ſiours agy comme cauſe
ſeconde dans les grandes
affaires qu'a euës, & a
encores ſa Majeſté pour
reſtablir le Royaume en ſa
ſplendeur.

Ce ſont des conſidera-
tions, Meſſieurs, qui vous
doiuent eſmouuoir à re-
cognoiſtre le bien que le
Roy vous a fait, & à en
monſtrer voſtre gratitude,

en secourant puissamment
les necessitez presentes,
qui vous seront explic-
quees plus particuliere-
ment par Messieurs le
Marquis de la Milleraye,
& autres Commissaires de
sa Majesté, ne me restant
qu'à vous asseurer de mon
affection, à vous rendre
seruice en general & en
particulier.

FIN.